Ecoles d'EMBRUN des années cinquante

Le souvenir des institutrices, des instituteurs et des élèves de la maternelle et des écoles primaires de garçons et de filles d'EMBRUN et de CHALVET au milieu du 20ième siècle a été retrouvé avec des photos conservées par :

Françoise ALBRAND, Yolande ALLARD, Marcel ANTHOINE, Alain ARNOUX, Cécile ARNOUX, Andrée BERTRAND, Robert BLACHE, Georges BOESCH, Marie Thérèse BONETTI/CRESPO, Michelle BORGIA/DIDIER, Jean Louis BOUCHET, Alfred CARTILLONE, Jean Louis CEARD, Monique CELSE/BIANCO, Jeanine COCHAT/MICHEL, Claudette COLLOMB/BONNAFOUS, Jean COLLOMB, Edmée COURTAUDON, Noëlle COUPANNEC/BERNARD, Danielle COZZA/CREPET, Jean Pierre DELORME, Gérard DHORNE, Charles DURAND, Jeannot EYME, André EYRIEY, Odette FERRER/ALBERTO, Maurice FORTOUL, Catherine IMBERT, Jeanine ARNAUD/IMBERT, Josette JAGHER/MAXIMIN, Christiane MAÏA, Michèle MARCELLIN/DHORNE, Ginette MENIS, Simone et Jean MORTIER, Jean Pierre MOTTE, Christian PIACENZA, Robert SEARD, Albert SUESCUN.

Les instituteurs et les élèves ont été identifiés par :

Josette ALBERTO, Françoise ALBRAND, Yolande ALLARD, René ANGE, Marcel ANTHOINE, Yves ANTHOINE, Alain ARNOUX, Cécile ARNOUX, Joseph AZZOLA, Simone BERENGUEL/EYRIEY, Robert BERNARD, Andrée BERTRAND, Gilbert BIANCO, Robert BLACHE, Georges BOESCH, Marie Thérèse BONETTI/CRESPO, Jean BORGIA, Michelle BORGIA/DIDIER, Jean Louis BOUCHET, Pierre Georges CARBONETTI, Alfred CARTILLONE, Danielle CARTILLONE/GARCIA, Salvatore CARTILLONE, Jacques CEARD, Monique CELSE/BIANCO, Jeanine COCHAT/MICHEL, Jean COLLOMB, Claudette COLLOMB/BONNAFOUS, Noëlle COUPANNEC/BERNARD, Edmée COURTAUDON, Danielle COZZA/CREPET, Marie Jeanne DAMARYS/DURAND, Jean Pierre DELORME, Monique DELORME/ROMANET, Gérard DHORNE, Alain DOU, Charles DURAND, Louis DURAND, Marie Françoise DURAND/RUDNIK, Jeannot EYME, André EYRIEY, Monique EYRIEY, Patrick FERRANDO, Daniel FERRANDO, Odette FERRER/ALBERTO, Maurice FORTOUL, Michel FORTOUL, Christiane GARCIN/GALINA, Jean Pierre GARINO, Françoise GENESTOUX/JOLIET, Jean Claude JOLIET, Catherine IMBERT, Jean Louis IMBERT, Josette JAGHER/MAXIMIN, Pierre LOMBARDO, Christiane MAÏA, Michèle MARCELLIN/DHORNE, Yvette MARTIN/MEFFRE, Marie Hélène MATHIEU/MAXIMIN, Ginette MENIS, Simone et Jean MORTIER, Jean Pierre MOTTE, Christian PIACENZA, Pierrette PICCA, Georges PONS, Pierre PONS, Geneviève RIBOUD/MOTTE, Lucette RIEUX/MANICARDI, Paule PRECARDI/MAXIMIN, Jacqueline SABOUL/CREPET, Robert SEARD, Albert SUESCUN, Brigitte VIGUIER/IMBERT.

Le lecteur qui reconnaitrait un élève non ou mal identifié est prié de le faire savoir à l'un des membres du groupe de travail indiqué en couverture.

Table des photos de classe des années 1940 à 1960

Ecoles maternelle et primaires   page 3

Ecole maternelle :   page 5
1942, 1945, 1946, 1947, 1950, 1951, 1952(3), 1953, 1954(2)

Ecole du bas de ville :   page 19
1947(2), 1948(2), 1949(2), 1952, 1954(2), 1956, 1959(2)

Ecole PASTEUR :   page 35
1942, 1944, 1947, 1948(2), 1950(2), 1951(2), 1953, 1955(2), 1956(2),
1957, 1959, 1960

Ecole de CHALVET :   page 54
1948

Ecole CEZANNE :   page 55
1945, 1946(4), 1947(2), 1948(2), 1949(2), 1950, 1952, 1953, 1955(2),
1959

ECOLES MATERNELLE ET PRIMAIRES

Vue d'Embrun vers 1953 le lycée n'est pas construit

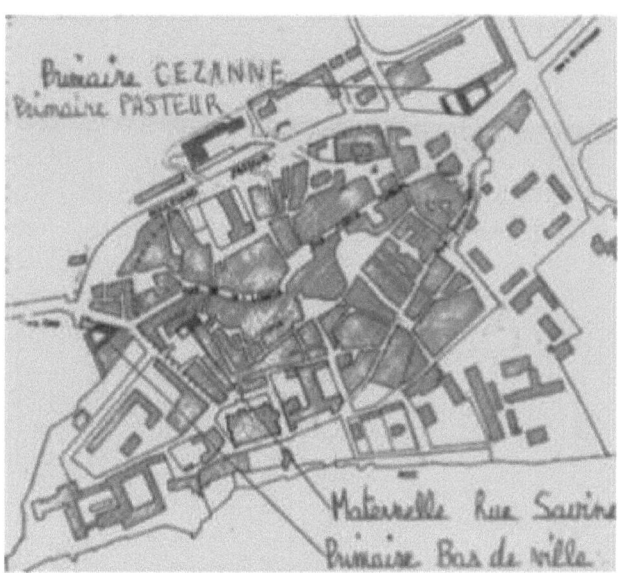

Ecole maternelle
L'école maternelle de la rue Savine, appelée « l'Asile » comme l'équivalent d'une crèche, accueillait les jeunes enfants, filles et garçons à partir de trois ans.

Ecole de filles PASTEUR
L'école primaire de filles a dû être construite dans les années 1930 à la même époque que la perception. Dans les années cinquante, elle a accueilli des classes élémentaires mixtes.

Ecole mixte CEZANNE
Au collège d'Embrun, les classes primaires étaient mixtes.

Ecole de garçons du bas de ville
En bas de ville, une école primaire de garçons a été installée en 1947 dans les locaux de l'ancienne école supérieure de filles créée en 1906 et fermée en 1946. La directrice de l'école de filles était Madame THAUZIN, épouse d'un commandant militaire aux casernements d'Embrun.

© 2020 Motte, Jean Pierre
Édition : BoD – Books on Demand,
12/14 rond-point des Champs-Élysées, 75008 Paris
Impression : BoD - Books on Demand, Norderstedt, Allemagne
ISBN : 9782322211494

Dépôt légal : Août 2020

ECOLE MATERNELLE

Institutrices

Dans la période 1940/1950, l'institutrice directrice était Madame DUPEYRON. L'institutrice titulaire était Mademoiselle BONNAFOUS (tante de Pierre et André BELLOT).

Soins aux enfants

La femme de service, entretien, soins et habillement des enfants, était Madame AILLOT, mère de Robert ALBRAND.

30.11.1978 Joséphine ALLIOT devant la maison ALBRAND rue des Aires

CLASSE MATERNELLE 1942/1943

Rang 4: y NIMEDO, y BARBERI, Jacqueline RIGUERO, Roger BONNABEL, Jean ANTHOINE, Christian MARIE, Jean ALBERTO, Roger BLACHE

Rang 3: Maryse BERNARD, (Forain), Michel BEITONE, X, Alice GAY, Jean MANICARDI, Abel ORGEAS, André EYRIEY, (Etranger)

Rang 2: (Réfugiée), Yves ANTHOINE, Roger BOYER, Inès PINERI, Jacky PIANFETTI, Roger COUTON, Jean Guy JARTOUX, Madeleine DURAND, (Réfugié)

Rang 1: Sylvain MARIE, Jeanine MICHEL, (Réfugiée), X1, Andrée ROUBAUD, Jeannette DURAND, Victor BONNABEL

CLASSE MATERNELLE 1945/1946

Rang 3: (Louis BETTY), Marcelle BOZON, René BONNEAU, Danièle COUTON, Claudette BELLOT, Yolande ALLARD, René ANGE, Odette ALBERTO

Rang 2: Roger PICCA, Sylvain MARIE, Y1, Georgette DALLA, Pierre BELLOT, Georges GLEIZE, Joseph ORGEAS, x BOYER

Rang 1: André BELLOT, Albert ALBERTO, Simone EYRIEY, Genevieve MOTTE, Georges BOESCH, Charles DURAND, Denise HEYRAUD

CLASSE MATERNELLE 1946/1947

Rang 4: Josette BLANC, André BOESCH, Denise JOUBERT, Jeanine CONSTANT, Alfred BOSSA, Monique BIANCO, Jean BORGIA, Roland IMBERT, Hélène ALBERTO

Rang 3: Lucienne MARIE, Michelle CORTINOWITZ/VALLIER, Bernard INGENIOLI, Lorette MEFFRE, Monique MEFFRE, Monique RIGUERO, Monique EYRIEY, Marie Louise DALLA, Georges GLEIZE

Rang 2: Louis BETTY, (René ANGE), Marcel ANTHOINE, Jean Pierre DURAND, Jacqueline FOSSECAVE, x ALBERTO, Charles DURAND

Rang 1: Roger PICCA, Odette ALBERTO, Yolande ALLARD, Michel NIMEDO, Danièle COUTON, Francine PIANFETTI

CLASSE MATERNELLE 1947/1948

Rang 4: Roger ROUX, Alex BARBIER, Eliane BLANCHARD, Gabriel LARBRE, Lucette MANICARDI, Christiane LIAUTEAU, Jacquie VIGNAL, Jean Pierre MOTTE, Roger PHILIPPE, Roger MIOLLAN

Rang 3: Charlie DURAND, Bernadette PUGET, Françoise LHEUREUX, Pierrette MAHE, Geneviève GILLET, Jean Luc RUSSO, Denise HEYRAUD, Guy ALLARD, Georges ORGEAS, Michel NIMEDE, André GIANETA

Rang 2: X1, Claudette PUGET, Simone EYRIEY, Jean Claude CECILE, Geneviève EYRIEY, Y1, Maurice MIOLLAN, Jean Claude MANUEL, Alain X4, y SILVE, Yvette LARBRE, Jocelyne THIVOT, Michèle THIVOT

Rang 1: Guy LHEUREUX, X1, Bernard SOREL, Marylène BOUCHET, Françoise JOLIET, André DIDIER, Jacqueline LHEUREUX, Eliane FORTOUL, Andrée DURAND

CLASSE MATERNELLE 1950/1951

Rang 3: Jean Pierre ALBERTO, Nicole LHEUREUX, Jacqueline LHEUREUX, Christian JOURCIN, Jean Pierre ELZEARD, Noëlle BERNARD, Claude LAGIER, Geneviève EYRIEY, Yvette LARBRE

Rang 2: Jean Claude CECILE, Danièle CREPET

Rang 1: Bernard GRANOUX, Alain ARNOUX, Mireille ROMANET, y2 LARBRE, Robert ALBRAND, Daniel LARBRE, Y1, René ARNOUX, Y2, Andrée DURAND, y BERNARD

CLASSE MATERNELLE 1951/1952

Rang 3: Jean Pierre DELORME, Suzanne FOURETS, Valerio CIVALLERO, Elisabeth VIGUIER,
            Jean Paul VILLE, Geneviève BOMPARD, Martial JOUVENE

Rang 2: Daniel LARBRE, x LARBRE, Jeanine MORTIER, Andrée BERTRAND, Edith MAUREL,
            Michelle FERRERO, Joseph AZZOLA, Nicole PLAT

Rang 1: y VIOLLAN, Michelle VIOLLAN, Marie Paule CANO, Nicole LHEUREUX, Guy LHEUREUX,
            Christian MARCELLIN, Bernard MARCELLIN

CLASSES MATERNELLES 1952/1953
(par famille ou apparentés de petite et grande section)

Rang 2: Christian GOMEZ/ Christiane GOMEZ, Danielle GUITARD/ Georges GUITARD, Christian ARNOUX/ Andrée ARNOUX, Hélène CORNIER/ Gilberte NICOLAS

Rang 1: Y1/ Y2, Denis COLLOMB/ Jean COLLOMB, Danielle CAMPAGNINI/ Colette CAMPAGNINI, Monique JOUVENE/ Martial JOUVENE

CLASSE MATERNELLE 1952/1953 Petite section

Rang 3: Danielle MAÏA, Christian GOMEZ, Christian ARNOUX, Raymond TROTABAS, Georges GUITARD, Pierre BOUCHET

Rang 2: Maryse RICIARDI, Monique JOUVENE, Denis COLLOMB, Robert VIGUIER, Jacques FROMMWEILER, X, Danielle CAMPAGNINI

Rang 1: Anne Marie BOSSEIN, Y1, Hélène CORNIER, Christiane GALLINA, Martine BERNARD, x AZZOLA, Y2, Y3

CLASSE MATERNELLE 1952/1953 Grande section

Rang 3: Henri BONNABEL, Albert BOESCH, André CECILE, Alain DELANDE, Jean Claude ROSA, Jean COLLOMB, Alain CLAUZEL, x BELLON, Guy CAPFER, Alain FAURE, Martial JOUVENE

Rang 2: Brigitte DOIX, Yolande FILISETTI, Monique ROMANET, Danièle MARIE, Colette JOSSERAND, Hélène DURAND, Jocelyne CANAFERINA, Odile RAMADOUT, Gilberte NICOLAS, Andrée ARNOUX, Andrée DORELLE

Rang 1: Danielle FOURET, Marie Josée CEARD, Marie Josée MISTRULI, Y1, Danielle GUITARD, y OLLIVIER, Danielle PHILIP, Mireille ALLARD, Y2

CLASSE MATERNELLE 1952/1953 (1951/1952 ?)

Rang 3: Georges TIDU, Henri BONNABEL, Y1, Mireille ALLARD, Colette JOSSERAND, Guy CAPFER

Rang 2: Serge TIDU, Marie Josée MISTRULI, X1, Danièle MARI, Claudette BONNAFFOUS, Colette CAMPAGNINI

Rang 1: Christiane ROUX, André CECILE, Michel ARNOUX, Y2, Odile RAMADOUT, Martine IMBERT

CLASSE MATERNELLE 1953/1954 (?)

Rang 3: Francis MARTIN, Christian MARCELLIN, Pierre LHEUREUX, Lucienne REBATTU,
Alain MOREL, Christiane GOMEZ, Françoise FANTI, Suzanne ESMIEU

Rang 2: Bernadette MERLE, Marie Hélène MAXIMIN, Christian PIACENZA, Michel FRIEDERICH,
Colette CAMPAGNINI, Christiane ROUX, X1

Rang 1: Y1, Etiennette BERNARD, Martine IMBERT, Henri MATTEI, Michel ARNOUX,
Nicole SYLVESTRE, y MATTEOUD, Mireille PHILIP

CLASSE MATERNELLE 1954/1955 Grande section

Rang 4: Solange PHILIP, Jean Jacques ISNARD, Raymond TROTABA, Jacques FROMMWEILER, Pierre BOUCHET, Michel GHIGONETTO, X1, Christian GOMEZ, Jean Paul CONSTANT

Rang 3: Paul Claude CEARD, Maryse RICHIARDI, Marie Hélène BOESCH, Y1, Geneviève ALIX, Marie Christine RAYMONDET, Yvette BONNABEL, y PELLISSIER

Rang 2: Danielle CAMPAGNINI, Anne Marie BOSSEIN, Monique JOURCIN, Martine BERNARD, Danièle MAÏA, Catherine IMBERT, Bernadette MANTO, Etiennette BERNARD, Yolande FILISETTI

Rang 1: Gilles THIBAULT, François GUYON, X2, Christian ARNOUX, Etienne GIAIME, Denis COLLOMB, Robert VIGUIER, Pierre PONS

CLASSE MATERNELLE 1954/1955 Petite section

Rang 4: Francis X, Y1, X2, X3, Joseph AZZOLA, X4, Patrick FERRANDO, Jean GILET

Rang 3: X1, X2, Jean Paul MAXIMIN, Michel LARROUTUROU, Claude LHEUREUX, X3, Michel ARNAUD, x REYNAUD

Rang 2: Y1, Y2, Jacqueline CREPET, Marie Thérèse BLAZY, Raymonde FUZZ, Bernadette MERLE, Martine TÊTU, Solange SILVE, Christiane JARTOUX, Elisabeth RAMADOUT

Rang 1: Y1, Annie BORRELY, (Alain BERNARD ?), Bernadette IMBERT, Brigitte IMBERT, (Alain BERNARD ?), Yves LHEUREUX, Roland BERNARD

ECOLE DU BAS DE VILLE

A gauche, entrée de l'école du bas de ville

Cour de récréation de l'école du bas de ville à droite de la photo
En bas du chemin de ronde des remparts Vauban surplombant les Moulineaux,
ravin situé sous le parking actuel de l'espace de la résistance

Instituteurs

Monsieur HAN (originaire des Vigneaux) au cours préparatoire, Monsieur JOSSERAND au cours élémentaire, Monsieur BOMPARD au cours moyen et classe du certificat d'études primaires. Monsieur MARTIN-JARRAND remplace Monsieur BOMPARD à son départ en retraite et il est lui-même remplacé par Monsieur BUES.

Enseignement

Robert BLACHE a gardé des souvenirs précis de l'école du bas de ville.
La concierge de l'école était Madame ATHENOL dont le fils était instituteur à Chalvet. Au rez de chaussée de l'école existait un local prévu pour les cours de gymnastique avec un accès par la cour de récréation. Le local servait d'abri en cas de mauvais temps. La cour était à l'emplacement du magasin libre service actuel.
Les cours dispensés par Monsieur MARTIN-JARRAND étaient les bases traditionnelles: Morale, Calcul, Français, Histoire, Géographie, Récitation (lecture des Misérables et discussion), Sciences naturelles, Travaux manuels avec construction d'un hygromètre à cheveux.
Les punitions étaient parfois corporelles (tirage d'oreilles, coups de règle carrée sur le bout des doigts, mise au piquet dans un coin de la classe). Une distribution de prix et tableau d'honneur était en vigueur pour les bons élèves. L'alllumage du poêle pour le chauffage de la classe et l'approvisionnement en charbon (boulets puis par la suite charbon criblé) était assuré par les élèves. La réserve était alimentée par Monsieur DURAND, marchand de bois et charbon. Le jour de l'examen du certificat d'études primaires dont les épreuves avaient eu lieu le matin, plusieurs élèves dont André BARBIER sont allés jusqu'à Chateauroux l'après midi en vélo.

Jean Pierre MOTTE est passé en cours d'année de la maternelle à l'école du bas de ville. Il se souvient d'avoir été accueilli par Jean BORGIA qui lui a servi de tuteur les premiers mois et d'être allé chercher parfois des pains au chocolat avec Georges ORGEAS depuis la cour de l'école par le portail en bois qui communiquait avec la boulangerie ORGEAS. Il a gardé le souvenir des chahuts dans la cour de récréation au pied des remparts avec Sylvain MARIE porté par les oreilles sur quelques mètres par Mr MARTIN-JARRAND. Robert SEARD a gardé des souvenirs précis de "la mélanie", baguette pédagogique agitée par monsieur BOMPARD directeur de l'école en 1947.

CLASSE PRIMAIRE 1947/1948

Derrière : **Mr. BOMPARD**
Victor BONNABEL (Néné), Coco MICHEL, x MOUNIER, Jean PICCA, Armand PICCA, Edmond ORGEAS, Pierrot MENIS, Jean Claude BIDAULT

Devant : Jean ANTHOINE, Marcel JOURCIN, Albert BELON, Abel ORGEAS, Jean ALBERTO, (petit PLAT), Jean MORTIER, Roger BONNABEL

Assis : Gérard BELON, Camille MEFFRE, Casimir KRYPIEC, (Bébert) ALBERTO, André ANTHOINE, (grand PLAT)

CLASSE PRIMAIRE 1947/1948

Derrière : Jean LOMBARDO, Alfred GENRE, X1, Alfred BOSSA, Camille BONNAFOUX,
Marcel CONSTANS

Devant : Jean Guy JARTOUX, X1, Tino JOSSERAND, Roger DALLA, Jean Louis BOUCHET,
Jean KRIPIEC, Jean BORGIA

Assis : Sylvain MARIE, Roland IMBERT, Albert BERENGER, X1, Pierre NIMEDO, (Christian MARIE).

CLASSE PRIMAIRE 1948/1949

Derrière : Pierre LOMBARDO, Albert BELON, Abel ORGEAS, Jean Baptiste BEITONE, Marcel JOURCIN, Jean MANICARDI

Devant : Pichel NEITONE, Gilbert BIANCO, Roger COUTON, Jean ALBERTO, (petit) PLAT,

Assis : Sylvain MARIE, André BARBIER, Robert SEARD, Serge FACHE, Jean MORTIER

CLASSE PRIMAIRE 1948/1949

Debout : Georges GLEIZE, André MERLE, Pierre Georges CARBONETTI, Claude GHIGONETTO,
Guy ALLARD, Louis BETTY, Roger PICCA, Michel NIMEDO

Assis : Georges ORGEAS, Louis RUSSO, Jean Pierre ALBERTO, Gabriel LARBRE, Jean Luc RUSSO,
Sylvain MARIE, Jean Pierre MOTTE, Jacky FACHE, Henry FACHE

CLASSE PRIMAIRE 1949/1950

Derrière : Alain MAÏA, Jean Luc RUSSO, Alfred BOSSA, Bernard BERNARD, André BOESCH, Roland IMBERT, Georges BERNARD

Devant : André MERLE, x.NEVIERE, Georges BOESCH, Martin LAUZIER, Albert BERANGER, Pierre BELLOT, Pierre NIMEDO

Mr. JOSSERAND

A genoux Jacky FACHE, André BELLOT, X1, Georges GLEIZE, Guy ALLARD, Paul TEMPIO, Jean-Pierre MOTTE

CLASSE PRIMAIRE 1949/1950

Rang arrière: Serge FACHE, Camille BONNAFOUX, Jean Guy JARTOUX, André BARBIER,
Jacky DUMOULIN, Roger BOESCH, Louis BETTY

Rang central: x NEGRO, Serge ALBERTO, André BORGIA, Robert SEARD, Sylvain MARIE,
Marcel CONSTANT, Alfred GENRE, Robert MAÏA
Mr. MARTIN JARAND

A genoux :   Henri GUIRALDI, André ROUX, Jean LOMBARDO, Jean BORGIA, Yves ANTHOINE,
Robert DURBIN, Jean CRESPO, Roger COUTTON

Assis :   Roger DALLA, Robert BLACHE, Jean Louis BOUCHET

CLASSE PRIMAIRE 1952/1953

Derrière   Louis GUIGHONETTO, Bruno CENCIGH, Valerio CIVALLERO, Patrick BURGER, Bernard GRANOUX, Robert ALBRAND, Michel ARNOUX

Devant :   Jean Pierre ALBERTO, Robert SILVE, Jean Claude CECILE, Christian JOURCIN, X1, Jean Pierre GARCIA

Assis :   Louis NEVIERE, Daniel FERRANDO, Louis AZZOLA, Kiki ASTIER, Pierre PICCA, Daniel LARBRE, Marc PELLISSIER

CLASSE PRIMAIRE 1953/1954

Derrière Alfred ARNOUX, Jean Luc RUSSO, Gabriel LARBRE/STAGNOLI, Alfred GENRE, Pierre BONNABEL, Michel SILVE, Salvatore CARTILLONE, **Mr. JOSSERAND**

Devant : Jacques FACHE, Louis RUSSO, Michel NIMEDO, Emile ARNOUX, Pierre Georges CARBONETTI, Alfred CARTILLONE, Alain MAÏA, Louis NEVIERE, Jean Pierre ALBERTO

Assis : Joseph ORGEAS, x SABATIER, x MIOLAN, Robert PICCA, Claude et Christian SARRAZIN, Henry FACHE, X, Paul TEMPIO, Georges GLEIZE

CLASSE PRIMAIRE 1954/1955

Derrière: Louis NEVIERE, Noël DOU, X1, Pierre PICCA, Valerio CIVALLERO, Gérard BELON, Kiki ASTIER, Alain CLAUDEL, Daniel FERRANDO

Au milieu : Lucien ROUX, x LAUNAY, X2, x GILLET, Lucien CRESPO, Jean Claude ROSA, Henry BONNABEL, Gilles KAPFER

Devant: Louis AZZOLA, Michel GHIGONETTO, Georges DURBIN, Albert BOESCH, André CECILE, Alain FAURE, Daniel LARBRE, Marc PELLISSIER, Henri MATTEI

CLASSE PRIMAIRE 1954/1955

Derrière: Albert BOESCH, Jean Claude ROSA, D.PESTOURI, Serge TIDU, x GUYON, x NEVIERE

Devant: Gérard BELON, Jean Pierre ARNAUD, Henry BONNABEL, Michel GHIGONETTO, Serge LAPLACE, Alain MAUREL, André CECILE, Serge PONCE, Daniel LARBRE

Assis: Noël DOU, X1, Henri MATEI, Michel ARNOUX, Joseph AZZOLA, (x GUYON ou Serge TIDU), Pierre ZANIER, Michel ZANIER, Georges TIDU

CLASSE PRIMAIRE 1956/1957

Derrière: Lucien ROUX, Jean Louis CEARD, Valerio CIVALLERO, Jean GOY, Pierre PICCA,
                                                                                    Michel HENON

Devant: Jean Claude ROSA, Daniel FERRANDO, x LAUNAY, Kiki ASTIER, Michel GUIGONETTO,
                                                                    Alain CLAUDEL, Louis NEVIERE, X1

Assis: Michel BERNAUDON, Jean Louis IMBERT, x VERCAUTEREN, Alain CRESPO, X2, X3,
                                                            Gilles KAPFER, Alain FAURE, Georges DURBIN

CLASSE PRIMAIRE CE2 1959/1960

Debout :   X1, X2, X3, X4, X5, X6, X7, X8, X9, X10, **Mr. IZOARD**, X11

Assis rang 6: X22, Gérard GRAS, X23, X24, X25

Assis rang 5 : X19, X20, X21, Jean Claude DOU

Assis rang 4 : Julien COTTALORDA, X17, X18, (Kiki FOURAT)

Assis rang 3 : Jean Pierre LOMBARDO, Gérard PRYBYLSKI, Philippe AZZOLA, X16

Assis rang 2 : (Luciano X), X13, X14, X15

Assis rang 1 : X12, Dominique DELORME

CLASSE PRIMAIRE 1959/1960

Debout: Mr. BUES,
X1, X2, Lucien ROUX, Henri MATTEI, Valerio CIVALLERO, Louis NEVIERE, Pierre PICCA, Albert BOESCH, Christian PIACENZA, Gérard DHORNE, x LAUNAY, Wagner BERNARD

Assis rang 4 : Noël DOU, Pierre ZANNIER, André CECILE, Kiki ASTIER, Henri BONNABEL

Assis rang 3 : x RUA, Christian BERNAUDON, Michel BERNAUDON, Michel BELON

Assis rang 2 : Joseph AZZOLA, X, Georges DURBIN, Georges ou Serge TIDU

Assis rang 1 : X (père garde barrière SNCF Pontfrache), Serge LAPLACE, x MARTINET, Maurice DEBALZO

ECOLE PASTEUR

L'école de filles a été inaugurée en 1905.
Durand la première guerre mondiale, des garçons ont été accueillis. D'après André EYRIEY, son père Camille et sa tante disaient y être allés.
Durand la seconde guerre mondiale, Ginette MENIS se souvient être allée avec d'autres le jeudi tricoter des chaussettes pour les prisonniers encadrées par les maitresses.

Institutrices

Quelques noms d'institutrices:

Mme MOUTARD, départ vers 1940; Mme SAGNIERES, départ vers 1945; Mme MASSAUD; Melle RICHAUD;
Mme REYNAUD, épouse de l'inspecteur primaire; Mme DUPEYRON, passée en 1946 à la Maternelle;
Mme MARECHAL, sœur de Mme AUROUZE, dans les années 1934/1948, passée à l'école CEZANNE

Année	CP	CE1 CE2	CM1 CM2 FE	Création 4ème classe
1946	DUPEYRON	RANGUIS	BOMPARD, directrice	
1947	ALLARD			
1951	INGENIOLI	ALLARD		
1953	CEARD	ALLARD, directrice	BRUNA ROSSO, directrice	COINTE, LAGIER CORREARD, ASTRIEU,...
1963			ESCALLIER	
1967	CEARD, retraite	ALLARD, retraite		
			ESCALLIER, retraite	

La 4ème classe a été installée dans la salle réservée au médecin scolaire Dr REBARDI à droite du bâtiment.

CLASSE PRIMAIRE 1942/1943

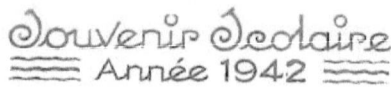

Derrière :   Mme. SAGNIERES
Monique FROMENT, Thérèse GUION, Yvette BIANCO, Janine RICARDI,
(Dédée COLOMBAN), Andrée JOUVENE, (Janine RUDNIK)

Milieu :   Thérèse GALLE, Marie BOUREILLE, Arlette RENAUD, Y, Madeleine BERANGER,
Marcelle RITON, Mireille HENRYA

Devant :   Andrée BOYER, (Janine RUDNIK), Lucette MARIE, Andrée ROUBEAU, Georgette DALLA,
Nicole BLACHE, Louise BERANGER, Maryse GHIGONETTO

CLASSE PRIMAIRE 1944/1945

Derrière: Marie Thérèse GUION, Josette MANUEL, Y1, y BERTRAND, y ANTOINE, Y2, Louise BERANGER, Marie BOSSA

Debout : Yvette BIANCO, Y3, Y4, Maryse GHIGONETTO, Y5, y MICHEL, Marcelle RITON, Madeleine BERANGER, y FRAPIER

Assises: Alice GAY, Y6, Georgette DALLA, y NIMEDE, y BONNAFFOUX

CLASSE PRIMAIRE CM1 CM2 CE 1946/1947

Derrière: Josette MANUEL, Jacqueline WIBERT, Ginette MENIS, Hélène LAGIER, Jeanne BLANC, Geneviève MICHEL, (A.BORGUINO/Thérèse FAVIER), Jeanine GUIEU

Milieu : Juliette ANTHOINE, Jeanine BERTRAND, Marie BOUTEILLE, Y1, Paulette CEZANNE, Marcelle BASTIDE, Monique FROMENT, Andrée JOUVENE, **Mme. BOMPARD**

Devant: y GAY (?), Marcelle OLIVIER, Maryse GUIGUONETTO, Jeanine RICCARDI, Marcelle RITON, Y1, Geneviève ROUBAUD, Lucette MARIE

COURS PREPARATOIRE 1947/1948

Derrière: Andrée EYRAUD, Y1, Y2, Hélène LAGIER, Eliane AILLAUD,
Marie Louise BONNAFFOUX, Y3, Jeannette DURAND, Suzanne CEARD

Milieu : Jeanine CONSTANS, Paulette BONNAFFOUX, Jeanine MICHEL, Josette BLANC,
Mireille MEFFRE, Aimée CEZANNE, Jany MICHEL, Y1, Jeannette COMBE,
Anne Marie CRAMARO

Devant: Chantal MARIE, Michelle CORTINOWITZ/VALLIER, Michelle MASSE, Denise JOUBERT,
Hélène LAGIER, Laurette MEFFRE, Y1, Hélène ALBERTO, Monique EYRIEY

CLASSE PRIMAIRE 1948/1949

Derrière: Mme. ALLARD, Michelle MASSE, Jeanine MICHEL, Denise JOUBERT, Monique BIANCO, Hélène ALBERTO, Chantal MARIE

Milieu :   Jeanine CONSTANS, Annette BEITONE, Andrée HEYRAUD, Josette BLANC, Mireille MEFFRE, Anne Marie CRAMARO, Jeannette COMBE, Hélène LAGIER

Devant: Geneviève MOTTE, Marcelle BOZON, Roselyne LIAUTHAUD, Marie Louise DALLA, Michelle CORTINOWITZ/VALLIER, Bernadette MENU, Odette ALBERTO, Monique MEFFRE, Yolande ALLARD, Monique EYRIEY, Laurette MEFFRE, Danielle COUTON

CLASSE PRIMAIRE 1948/1949

Derrière: Josette MAXIMIN, Pierrette MAHE, Paulette BOSSEINS, Monique MEFFRE,
                Françoise LHEUREUX, Aimée FAURE, y BERANGER

Milieu :   Jeannette COMBE,   Vania BLASI

Devant: Geneviève GILLET, Edmée ARNOUX, Claudette BELLOT, Simone EYRIEY,
                Marylène BOUCHET, Bernadette MICHEL, Y, Françoise JOLIET, Josette ALBERTO,
                Christiane LIAUTAUD

CLASSE PRIMAIRE 1950/1951

Derrière: Louise BERANGER, Jeanne NIMEDO, Maryse BERNARD, Georgette DALLA, Alice GAY

Milieu : **Mme. BOMPARD,** Marinette BONNAFFOUX, Maryse GUIGHONETTO, Marie Thérèse MICHEL, Nicole BLACHE, Thérèse MANUEL, Madeleine BERANGER, Josette MANUEL, Marcelle RITON

Devant: Paule MAXIMIN, Aline MAXIMIN, Y1, Louise BONNAFFOUX, Y2, Y3, Y4, Madeleine DURAND, Denise JOUBERT

CLASSE PRIMAIRE 1950/1951

Derrière: Jeannette COMBE, Y1, y1 BLASI, Monique MEFFRE, Y2, Y3, Marie Thérèse CRESPO

Milieu : Bernadette MENUT, Y1, Y2, Aimée FAURE, Michèle BESSON, Laurette MEFFRE, y2 BLASI, Josette MAXIMIN

Devant: Geneviève GILLET, Françoise JOLIET, Y1, Simone EYRIEY, Y2, Pierrette MAHE, Christiane LIAUTAUD, Y3, Y4, Jacqueline LHEUREUX

CLASSE PRIMAIRE 1951/1952

Au fond : Marthe BERENGER, Paulette BOSSEN, Germaine BLASI

3ème rang : Véronique Y1, Simone EYRIEY, Bernadette BOMPARD, Pierrette MAHE,
Claudette BELLOT, Michèle DHORNE

2ème rang : Jeanine ESPAGNE, Lucienne PHILIP, Edmée ARNOUX, Marie Stella BLASI, Josiane FUSS,
Yvette LARBRE

1er rang : Lucette CANO, Monique PELLISSIER, Christiane MAÏA, Marylène BOUCHET,
Josette BISHOFF, Marie Jeanne DURAND, Bernadette MICHEL

CLASSE PRIMAIRE 1951/1952

3ème rang : Annette BETTONE, Josiane PUGET, (Vagna BLASI), Olga MESROBIAN,
             Mme. BRUNA-ROSSO, Josette BLANC, Yolande ROUX

2ème rang : Paulette BONNAFOUX, Suzanne DEBALZO, Y1, Michèle MASSE, Jeanine CONSTANT,
             Monique BIANCO, Y2, Jeanine MICHEL

1er rang :   y CLAUDEL, Michèle DALLA, Aimée CEZANNE, Hélène LAGIER, Yolande ALLARD,
             Monique EYRIEY, Marcelle BOZON, Y

CLASSE PRIMAIRE 1953/1954

Rang arrière: Michel ARNOUX, Françoise FANTI, Marie Thérèse BOSSA, Serge PONCE,
　　　　　　　　Dominique JOFFREY, Danielle JOLY, Claudette BONNAFOUS, Nicole FANTI

Debout : Jean Claude DURBIN, X1, Y1, Lucienne REBATTU, Colette GASQUET,
　　　　　Geneviève MERLE, Christiane ROUX, Geneviève RAMADOUT, Hélène CORNIER,
　　　　　　　　　　　　　　　　　　　　　　　　　　　　　Mireille PHILIP

Assis : X1, X2, Maurice FORTOUL, Daniel LARBRE, Jean RAMADOUT, Georges GUITARD

CLASSE PRIMAIRE 1955/1956

(Classe de Mme ESCALLIER)

Derrière: Marguerite TARDITI, Josette CANO, Danièle DESCOURS, Aimée FAURE, Marie Thérèse CRESPO, Françoise MESROBIAN

Debout : Michèle BESSON, Marie Louise DALLA, Paulette BOSSEIN, Josette MAXIMIN, Monique MEFFRE, Danielle GARCIA

Assis : Danielle SARRAZIN, Pierrette MAHE, Francine PIANFETTI, Maria Pia CARBONETTI, Laurette MEFFRE

CLASSE PRIMAIRE 1955/1956

4ème Rang: Nicole SYLVESTRE, Jacqueline LHEUREUX, Danièle CREPET, Romane BOSSA, Anne Marie LAGIER, Elisabeth VIGUIER, Lucette BRUNEL, Liliane FILISETTI, Danièle MARIE

3ème Rang: Colette CAMPAGNINI, Michelle FERRERO, Marie Noëlle LAROUTUROU, Danièle ESPAGNE, Gilberte CANO, Colette JOSSERAND, Yvette LABRE, Marie Françoise MAXIMIN

2ème Rang: Mireille GIRAUDET, Danièle PHILIP, Mireille ALLARD, Nicole LHEUREUX, Marie José MISTRULLI, Michelle MIOLAN, Nicole PETEY, Odette ALBERTO

1er Rang: Brigitte DOIGT, Nicole MATHEOUD, Andrée ARNOUX, Hélène DURAND, Michelle TEYSSIER, Odile RAMADOUT, Andrée DAURELLE

CLASSE PRIMAIRE 1956/1957

4ème Rang: Jacqueline LIONS, Dominique Y, Nicole FANTI, Y1, Colette CAMPAGNINI, Lucienne REBATTU, Michelle MALLET

3ème Rang: Danièle RIPPERT, Claudette BONNAFFOUS, Françoise FANTI, Nicole MATHEOUD, Christiane ROUX, Y2, Marie France Y

2ème Rang: Marie Thérèse BOSSA, Hélène DURAND, Michèle PHILIP, Hélène CORNIER, Andrée ARNOUX, Geneviève MERLE, Monique JOURCIN, Marie Christine REMONDET, Geneviève ALLIX, Colette COMPAGNINI, Colette GASQUET, Mireille PHILIP

1er Rang: Danièle PHILIP, Geneviève RAMADOUT, Marie France ROSSIGNOL, Martine BERNARD, Yvette BONNABEL, y MATHEOUD, y MANTO, Michèle ROUX, Régine TRINQUET, Danièle JOLY

CLASSE PRIMAIRE 1956/1957

4ème Rang: Christiane MAÏA, Jeanine ESPAGNE, Simone EYRIEY, Pierrette MAHE

3ème Rang: Marylène BOUCHET, Marie Estelle BLAZY, Nicole PETEY, Pierrette DURBIN,
                                                                                       Romane BOSSA

2ème Rang: Yvette LARBRE, Christiane LIAUTAUD, Eliane FORTOUL, Josiane FUCHS,
             Marie Françoise RUDNIK, Y1, Corinne AZZOLA, Michèle THIVOT, (Irma NOICO ?)

1er Rang :   Danielle CREPET, Jacqueline LHEUREUX, Yvette PHILIP, Marie Line THIVOT,
                                                           Andrée DURAND, Monique PELISSIER

CLASSE PRIMAIRE 1957/1958

4ème Rang: Marie Thérèse BOSSA, Mireille BONNAFFOUS, Colette CAMPAGNINI

3ème Rang: Nicole MATHEOUD, Danièle GUITAR, Andrée ARNOUX, Hélène DURAND

2ème Rang: Mireille PHILIP, Y, Lucienne REBATTU, Claudette BONNAFFOUS

        Melle. SAGE

1er Rang : Geneviève RAMADOUT, Colette GASQUET, Colette CHATEAU, Jacqueline LIONS

CLASSE PRIMAIRE 1959/1960

(Classe de Mme ESCALLIER)

4ème Rang: Bernadette BOMPARD, Liliane BOUTEILLE

3ème Rang: Romane BOSSA, Y

2ème Rang: Andrée DURAND, Danielle CREPET

1er Rang :   Bernadette BOMPARD, Liliane BOUTEILLE

CLASSE PRIMAIRE 1960/1961

Derrière: Y1, Michèle ROUX, Anne Marie BOSSEIN, y TIDU (?), Bernadette AMANTE, Yolande FILISETTI, Danièle CAMPAGNINI, Clélia Y1, y BOECH, Christiane JARTOUX

Milieu : Jacqueline CREPET, Solange SILVE, Catherine IMBERT, Y1, Danièle MAÏA, Joëlle MAÏA, Y2, Y3, Y4, Y5, Raymonde FUSCH, y GOLET

Devant: Solange PHILIP, Y1, Y2, Bernadette IMBERT, Y3, Y4, Elisabeth RAMADOUT, Martine BOSSA, Joëlle LEPAGE

ECOLE DE CHALVET

CLASSE PRIMAIRE 1948/1949

4ème rang : Francis BERNARD, Pierrette PICCA

3ème rang : Julien PICCA, François PICCA, Gabriel MEFFRE, Paul BERNARD, Marie THOMET, Maryse MEFFRE, Edwige THOMET

2ème rang : **Emile ATHENOL**

1er rang : Jeannot EYME, Lucien BERNARD, André BONNAFOUX, Louis Noël MEFFRE, Marc THOMET, Jeanne MEFFRE, René BONNAFOUX

ECOLE CEZANNE

Institutrices et instituteurs

En 1946, deux institutrices au cours élémentaire Mademoiselle VIOLIN, demi-sœur du docteur FAURE-BRAC, et Madame MALLET. Au cours moyen, une institutrice Madame RAVEL, épouse du surveillant général, et deux instituteurs, Messieurs HAN et JOSSERAND. Avant le passage en sixième, deux instituteurs Messieurs ALLARD et GRANIER.

Enseignement

Robert BLACHE se rappelle que, dans la période 1943/1944, les jeunes enfants avaient été regroupés avec les filles au groupe Pasteur. Lors de ce regroupement, du lait et des tartines de confiture, prélevée dans des boites de 5kg, étaient distribués le matin et à quatre heures l'après midi.

Lors des promenades de la classe préparatoire du collège sur l'avenue de Pontfrache, Mademoiselle VIOLIN avait fait allonger les élèves dans le caniveau de la route lors d'une alerte de passage d'avion.

Les élèves de sixième et plus avaient droit à des cours de menuiserie dispensés par Monsieur JARTOUX, artisan menuisier rue Colonel BONNET. L'atelier de menuiserie se trouvait au Nord Ouest de la cour du collège attenant à la classe de Madame RAVEL avec accès direct par le préau actuel.

CLASSE PRIMAIRE 1945/1946

4ème Rang: x ANTHOINE, x GEGLE, Paul RAVEL, André EYRIEY, x BLANC, Pierrot EYME,
                                                                          Robert BERNARD

3ème Rang: X1, x GAY, Charles MICHEL, Jean JULIEN, Serge FORTOUL, Jean Claude MEYRAN,
                                                                          Francis PEYRON

Assis: Juliette GRAS, Ginette DESCAMP, Jeanine RUDNIK, **Mr. GRANIER**, Nicole REY,
                                                             Françoise FAURE-BRAC, Jeanine JOLY

Devant :   x HAN, Mireille RAVEL, Y, Roger ESMIEU, Roger BLACHE

CLASSE PRIMAIRE 1946/1947

Derrière : Robert BLACHE, Gérard BERNARD BRUNEL, Jean Louis BOUCHET, René ANGE, Alain MANUEL, x JOUVE, Michel FORTOUL

Devant : Pierre FROMENT, Roger BOESCH, Louis DURAND, Michel RIBOUD, Abel ORGEAS, Charles MAILLY

Assis : (Jacques BLANC), y ROUX, Christiane LAGIER, Anne Marie PLAT, (Hélène FAURE BRAC)

CLASSE PRIMAIRE 1946/1947

3ème **Rang** :   Josette FORTOUL, Pierre BOYER, X1, Guy FAURE, X2, Yves ANTHOINE, X3,
                                                                         Suzanne ALBERTO

2ème **Rang** :   Bernard BERNARD, Serge ALBERTO, X1, X2, André FAURE-BRAC, Jacques PIANFETTI, X3

Assises :   Maryse CREPET, Andrée GUIGUES, Y1, **Mme. RAVEL,** Y2, Arlette VIDOU, Monique PLAT, Y3

CLASSE PRIMAIRE 1946/1947

Derrière : **Mr. JOSSERAND**, Camille BONNAFOUX, Alfred GENRE, Marcel CONSTANS, Robert DURBIN, Jean DUMOULIN, Jean Guy JARTOUX

Devant : Jean Baptiste BEITONE, Raphaël AILLAUD, Michel BEITONE, Robert SEARD, Jean LOMBARDO, André BORGIA

Assis : André BARBIER, x ANGELINI, Tino JOSSERAND, Sylvain MARIE, Roger DALLA, Pierre NIMEDO

CLASSE PRIMAIRE 1946/1947

Derrière : Mr. ALLARD, (grand) PLAT, (Jean DUMOULIN/x VASSEREAU), Jean MANICARDI, Jean MORTIER, Jean ANTHOINE, Yves GIROULET, Michel PLAT

Devant : x TEMPLIER, Fifi MOUNIER, X, Pierre LOMBARDO, Marcel JOURCIN, Victor BONNABEL

Assis : Gilbert BIANCO, Roger BONNABEL, Roger COUTON, Jean ALBERTO, Abel ORGEAS, Christian MARIE, Joseph MEFFRE

CLASSE PRIMAIRE CM1 CM2 1947/1948

4ème Rang : Jean MANUEL, André FAURE BRAC, Jacky PIANFETTI, Roger BLACHE, (interne),
x ARNOUX (St André), X, Guy FAURE, x DUMOULIN, André DELANDE

3ème Rang : **Mr. GRANIER**, Gisèle FACHE, Thérèse ARNOUX, Nono BAGAGLI, y ROUX, x MAILLET,
Ginette DESCAMP, Francis PEYRON, y IMBERT, Josette FORTOUL, Mado ALBERTO,
Louis BETTY, Maryse CREPET, x MATHERON, Bernard BERNARD

2ème Rang : Josette EYME, Inès PINERI, Josette BERTALI, Simone RIBOUD, y ROUX, y PLAT,
y FRAPPIER, Y1, Y2, Y3

1er Rang : Yves ANTHOINE, (interne), Robert BERNARD, Sylvain MARIE, Gino ALBERTO,
Jean MANICARDI

CLASSE PRIMAIRE 1947/1948

3ème Rang : X1, Alfred ARNOUX, X3, X4, X5, X6, Georges BOESCH, Louis NEVIERE,
Marcel ANTHOINE, Jean Marc REY,

Melle. VIOLIN

2ème Rang : Y1, Louis CLEMENT, X8, x BOESCH, Alain MANUEL, Jean Claude MALET,
Michelle DIDIER, Jean Pierre GARINO

Assis : Jean Pierre DURAND, Edwige GOLE, Danièle BOYER, Francine PIANFETTI,
Danièle GARCIA, Y2

CLASSE PRIMAIRE 1948/1949

Derrière : Louis CLEMENT, Marcel ANTHOINE, X1, Jean Claude MALLET, Alain MANUEL, Mauricette ROUX, Y1, Edwige GOLE, Michel FORTOUL, Bernard BERNARD, X2, Alfred ARNOUX

Devant : X1, X2, André BOESCH, Robert BERNARD, Alain ROUX, Gérard BERNARD BRUNEL, Roger BOESCH, X3, X4, X5, X6, René ANGE

Assis : Francine BECKENS, Chantal MARI, Michelle DIDIER, Y1, **Mme. RAVEL**, Claude ORBAN, Jean Claude LAGIER, Jean Pierre GARINO, X1

CLASSE PRIMAIRE 1948/1949

Derrière :   Y1, Y2, Y3, Y4, Lucette MANICARDI, Francine PIANFETTI, Y5, Charles DURAND,
Jean Pierre DURAND, Gérard BERNARD BRUNEL(?), Albert SUESCUN

Debout :   Jeanine GOLE, Y1, Danielle GARCIA, Jean Claude GAY, Louis BETTY(?), Y2,
André OLLIVIER, Georges BOESCH, Y3, Y4

Assis :   André DIDIER, Yves ESMIEU, Guy LHEUREUX, Monique GOLE,
Melle. VIOLIN, Y2, Marie Françoise RUDNIK, Jacqueline VIGNAL, Y3

A terre: Louis NEVIERE, Jacky CASTAGNO, X1, Jean Marie CANNAFERINA

CLASSE PRIMAIRE 1949/1950

Derrière : Jean Pierre DURAND, Michel FORTOUL, Marcel ANTHOINE, Alain MANUEL, Louis NEVIERE, Jean Pierre GARINO, Louis CLEMENT, X1, Jean Claude FRANCOIS

Devant : **Mme. RAVEL**, André OLLIVIER, Gérard BERNARD BRUNEL, René ANGE, Christian PELLISSIER, x DELMAFEO, Alfred ARNOUX, X1, X2

Assis : Jeanine GOLE, Michelle DIDIER, Chantal MARI, Lucette MANICARDI, Danielle GARCIA, Francine BEKKENS, Edwige GOLE, Christiane BERNACHY, Danielle BOYER, y FAURE BRAC, Francine PIANFETTI, Marinette LAARMAN

CLASSE PRIMAIRE 1949/1950

Derrière : **Melle VIOLIN**, André GIANETTA, Charles DURAND, Pierre LAUNAY, Albert SUESCUN, X1, Jean Marie CANNAFERINA, Guy LHEUREUX, Roger PHILIPPE, Alain DOU, Roger MIOLLAND, X2

Devant : Y1, Bernadette PUGET, Y2, Y3, (Bernadette Y), X3, Jean Claude GAY, Alfred ARNOUX, Jacqueline VIGNAL

Assis : Yves ESMIEU, Nicole PETET, Y1, Danièle BLACHE, Pierrette DURBIN, André DIDIER, Marie Françoise RUDNIK, Monique BARAILLAT, Monique GOLE, Danielle FRANCOIS, Marie Madeleine THIVOT

CLASSE PRIMAIRE 1950/1951

3ème Rang : « Cucu » SABATIER (fils de gendarme), X1, x NEVIERE, Alfred ARNOUX

2ème Rang : X1, x2 ARNOUX, X2, Alain MANUEL, X3, Y1, Y2, Odette ALBERTO, Y3,
Francine PIANFETTI, Lucette MANICARDI

1er Rang : Y1, Danielle GARCIA, Jeanine GOLE, Jacques CASTAGNO, Charlie DURAND, x MALLET,
Jean Claude GAY, x CEZANNE, Jean Pierre DURAND, Albert SUESCUN, André DIDIER,
x MOSTACHETTI, Guy LHEUREUX, Jacqueline VIGNAL, Edwige GOLE,
Marie Madeleine THIVOT, Bernadette PUGET

CLASSE PRIMAIRE 1952/1953

Derrière : Bernard MARCELLIN, Georges PONS, Alain ARNOUX, Alain GALLINA,
Jean Marie CANAFERINA, Yves ESMIEU, René JOLY, Jean Louis CEARD,
Martial JOUVENNE, Jean Claude LAGIER, Gérard MONNOT

Debout : Maurice DEBALZO, Francis MARTIN, Christiane FROMWEILER, Michèle THIVOT,
Jocelyne CANAFERINA, Suzanne FOURETS, X1, Jean Pierre DELORME, Jean Louis IMBERT,
Alain DELANDE

Assis : Jean Claude THIVOT, y VAN MAELE, Martine FAURE BRAC, Andrée BERTRAND,
Daniele FOURETS, Gilberte NICOLAS, Edith MAUREL, Monique ROMANET,
Suzanne LAGIER, Jeanine MORTIER, Marie José CEARD

CLASSE PRIMAIRE 1953/1954

Derrière : Jean Claude THIVOT, Jean Pierre DELORME, Maurice DEBALZO, x FROMWEILER,
Alain GALINA, Bernard MARCELLIN, René JOLY, Alain ARNOUX, Georges PONS, X1,
Noël DOU

Debout : Christiane FROMWEILER, Georges DURBIN, Pierre CANAFERINA, Edith MAUREL,
Martine FAURE BRAC, Suzanne FOURETS, Michelle THIVOT, y CEZANNE,
Gérard MONNOT, X2, Jean GOY

Assis : Suzanne LAGIER, Y1, Sabine ROMANE, **Melle. VIOLIN**, Michelle PHILIP, Jeanine MORTIER,
Andrée BERTRAND

CLASSE PRIMAIRE 1955/1956

Derrière : Claude LHEUREUX, Pierre PONS, Pierre BOUCHET, Denis COLLOMB, x TIDU, X1,
Georges GUITARD, Christian ARNOUX, X2, Yves LHEUREUX

Debout : Michel GHIGONETTO, X1, Jean François REINER, Paul CEARD, Alain MAURER,
Gérard GOLET, Jacques FROMMWEILER, Gérard GOMEZ

Assis : Eliane Y1, Catherine IMBERT, Maryse RICCHIARDI, y TIDU,
Melle. VIOLIN
Soeur d'Eliane Y1, Christiane GALINA, Noëlle NIMEDE, Etiennette BERNARD

CLASSE PRIMAIRE 1955/1956

4ème Rang : x MARTIN, Christian MARCELLIN, Gérard MARCELLIN, André DELANDE, x PONS, x DELBAZO, Martial JOUVENE, x JAVALET

3ème Rang : Jean COLLOMB, x LHEUREUX, y NICOLAS, y FOURET, x CEARD, x BORELLY, x MAUREL, Jean Claude THIVOT, Jean Louis IMBERT

2ème Rang : y WAGNER, Monique ROMANET, y MORTIER, Edith MAUREL, Suzanne FOURET, y CANAFERINA, y CEARD, Monique JOUVENE, y GUITARD

1er Rang : y IMBERT, y JEAN, Suzanne ESMIEU, y BONNAFOUS,
Mr. BERGE (remplaçant Mme DAVID)
y ESPAGNE, y CARTIGLIONE, Marie Hélène MAXIMIN, y GOMEZ

CLASSE PRIMAIRE 1959/1960

Debout: Mr. GRANIER

Rang 6: Pierre PONS, X1, X2, X3, Denis COLLOMB, X4

Rang 5 : X1, Yves LHEUREUX, X2, Claude LHEUREUX, Jean François REINER

Rang 4 : Michel PHILIP, Christian ARNOUX, Raymond FOURCADE, Etiennette BERNARD, Y1

Rang 3 : Gérard GOLET, Catherine IMBERT, Gérard MARFISI, Christiane GALINA

Rang 2 : X1, Martine IMBERT, Monique JOUVENE, Suzanne ESMIEU

Rang 1 : Bernadette IMBERT, Jacques FROMMWEILER, Ginette ESPAGNE